Bibliografische Information der Deutschen Nationalbibliothek:

Die Deutsche Bibliothek verzeichnet diese Publikation in der Deutschen National-
bibliografie; detaillierte bibliografische Daten sind im Internet über http://dnb.d-
nb.de/ abrufbar.

Impressum:

Copyright © 2008 GRIN Verlag, Open Publishing GmbH
Druck und Bindung: Books on Demand GmbH, Norderstedt Germany
ISBN: 9783640317530

Aydin Ilker Koca, Burhan Polat

Communities im Internet. Neue Formen des Marketings

GRIN Verlag

Communities im Internet – Neue Formen des Marketings

Wissenschaftliche Arbeit
im Fach Wissenschaftliches Arbeiten
Studiengang Wirtschaftsinformatik
der
Hochschule der Medien

Aydin Ilker Koca

Burhan Polat

Bearbeitungszeitraum: 23.10.2008 bis 03.12.2008

Stuttgart, Dezember 2008

Kurzfassung

Die hier vorgestellte Arbeit handelt von den neuen Arten des Online – Marketings die sich heutzutage im Zeitalter des neuen Interaktiveren Webs entwickelt haben. Außerdem wird in der Arbeit Bezug genommen zu den sich neu Entwickelten Geschäftskonzepten eContent, eCommerce und die eCommunity. Es wird auch die Frage aufgegriffen in welchen Online – Plattformen sich diese Geschäftskonzepte am besten realisieren lassen. Dabei wird gezeigt, dass die Community – Plattform die geeignetste aller Plattformen ist. Sie hat gegenüber den anderen Plattformen den Vorteil, dass sie eine starke Bindung der jeweiligen Mitglieder an das Unternehmen erzeugen kann. Dies wird erreicht indem die Plattform Werkzeuge bereitstellt welche, die Kommunikation unter den Mitgliedern ermöglicht. Dadurch kommt es zum Aufbau von Beziehungen zwischen den Mitgliedern und somit auch zur einer Bindung zwischen ihnen. Diese Bindung wirkt sich auch auf die Community und somit auch auf das Unternehmen aus.

Schlagwörter: Online Marketing, Online Community, Content, Commerce, Kundenbindung, Permission Marketing

Inhaltsverzeichnis

Abbildungsverzeichnis/Tabellenverzeichnis

1 Einleitung

1.1 Relevanz des Themas

Der Goldrausch hat begonnen. Immer mehr Bundesbürger surfen im Web. Dadurch angespornt investieren immer mehr Unternehmen einen Großteil ihres Marketingbudgets in Online - Marketing. Die wichtigste Frage die sich für Unternehmen stellt ist die, in welche der Fülle von Möglichkeiten die im Web stecken sie ihre Investitionen tätigen sollen.

Da haben sich in den letzten Jahren einige neue Möglichkeiten des Online Marketings entwickelt wie das Web 2.0 mit Blogs, den Videoportalen, Podcast und den Communities um einige zu nennen.

1.2 Aufbau und Ziel der Arbeit

Im Folgenden dieser Arbeit wird auf die Möglichkeiten eingegangen die Unternehmen gewinnen können durch den richtigen Aufbau einer Community – Plattform um Kunden an das Unternehmen zu binden und dadurch erfolgreich Marketing zu betreiben.

Im Wesentlichen soll dabei gezeigt werden:

- Welche neuen Geschäftsmodelle und Geschäftskonzepte es im Online – Marketing gibt.

- Wie es Community – Plattformen möglich ist Kunden erfolgreich und langfristig an ein Unternehmen zu binden.

- Welche direkten Erlösmöglichkeiten Online – Communities bieten.

2 Begriffsdefinition

In diesem Kapitel wollen die Autoren versuchen die in jetziger Zeit sehr verschwommenen Begriffe zu definieren die in dieser Arbeit zur Verwendung kommen, um ein Grundlegendes Begriffsverständnis zu schaffen.

2.1 Online Marketing

„ Unter „ Online – Marketing " wird die absatzpolitische Verwendung elektronisch vernetzter Informationstechnologien (Internet, Mobilfunk, interaktives Fernsehen) verstanden, um unter deren technischen Rahmenbedingungen (Rechnerleistung, Vernetzung, Digitalisierung, Datentransfer), die Produkt-, Preis-, Vertriebs- und Kommunikationspolitik mit Hilfe der innovativen Möglichkeiten der Online-Kommunikation (Virtualität, Multimedia, Interaktivität und Individualität) marktgerecht zu gestalten." (Kollmann, 2007, S.57)

2.2 Community

„Gemeinde, community, eine seßhafte, lokal gebundene Bevölkerung, deren Mitglieder aufgrund ökonomischer und sozialer Beziehungen sowie ihrer Identifikation mit der G. eine Einheit bilden. Umstritten ist, ob zur Definition der G. das Merkmal politischer Selbstständigkeit gehört und ob es eine obere Grenze in der Größe von G.en gibt (z.B. Stadt)." (Werner, 1994, S.227)

Unter dem Begriff Community was im Deutschen wörtlich genommen Gemeinschaft bedeutet, ist nach der Definition von Werner eine geografisch miteinander Verbundene Ansammlung von Menschen zu verstehen die Untereinander in gewissen Beziehungen stehen.

Die Geografische bzw. Räumliche Interpretation einer Community steht jedoch im Wiederspruch zum Web, dass grundsätzlich zu jeder Zeit und zu jedem Ort verfügbar ist.

Deshalb ist es nötig zu Versuchen eine im Gegensatz zur klassischen Definition eine neue Definition des Begriffs Community zu finden, die sich auf Menschen übertragen lässt die sich im Web in einer Community zusammenschließen.

2.3   Virtual Community

„Virtuelle Gemeinschaften (VG) sind soziale Zusammenschlüsse, die dann im Netz entstehen, wenn genug Leute diese öffentlichen Diskussionen (Kommunikation) lange genug führen und dabei ihre Gefühle einbringen, so daß im Cyberspace ein Geflecht persönlicher Beziehungen entsteht." (Rheingold,1994,S.16)

Dies ist eine von unzähligen Definitionen welche versuchen eine Gruppe von Menschen zu beschreiben die sich Online zusammen finden und in einer Virtuellen Gemeinschaft interagieren. Es gibt eine Fülle von Möglichkeiten wie Mitglieder einer Online – Community untereinander Kommunizieren und Informationen austauschen können. Dies ist auch die Definition einer Online – Community, welche die Autoren in dieser Wissenschaftlichen Arbeit übernehmen wollen.

Ein weiteres Kennzeichen einer Virtuellen Community ist die Konzentration auf ein Themenschwerpunkt. Nach Hagel-Armstrong sind die weiteren Kennzeichen einer Virtuellen Community folgende (Hagel-Armstrong, 1997, S.191)

- Die Integration von Inhalt und Kommunikation.
- Die Nutzung von Informationen, die Teilnehmer bereitstellen.
- Ein spezifischer Interessenschwerpunkt.
- Der Zugang zu konkurrierenden Anbietern.
- Eine kommerzielle Orientierung.

Die ersten beiden Punkte sind kennzeichnend, dass nicht der Anbieter der Community Plattform die Inhalte bereit stellt sondern, dass die Mitglieder selbst die Inhalte einstellen und der Betreiber nur die Plattform. Inhalt und Kommunikation sind so miteinander verbunden, dass die Mitglieder zusammen zu einem bestimmten Themenschwerpunkt miteinander kommunizieren und interagieren können. Durch die Interaktion unter den Mietgliedern kann es zu einem Aufbau persönlicher Beziehungen in der Community kommen womit sie zu loyalen Mitgliedern werden.

2.4   Arten von Communities

Das Frauenhofer Institut in Stuttgart unterscheidet laut Stojek-Ulbrich grundlegend vier Arten von Communities. (Stojek, Ulbrich, 2001, S.58)

2.4.1 Bazar Communities

Hier steht der Austausch der Mitglieder und Besucher im Vordergrund. Da sich diese Communities vorwiegend aus dem Verkauf von Bannerwerbung finanziert, müssen möglichst hohe Zugriffszahlen erreicht werden.

2.4.2 Club Communities

Hier steht die Kommunikation zwischen den Mitgliedern an erster Stellen mit dem besonderen Merkmal, dass diese Communities sich durch Mitgliederbeiträge finanzieren.

2.4.3 Patronage Communities

Diese Communities finanzieren sich über Sponsoren, die ihr Image und ihren Bekanntheitsgrad erhöhen wollen, um dadurch einen Umsatzgewinn zu erreichen.

2.4.4 Service Communities

Dies sind Arten von Communities welche von Unternehmen Aufgebaut werden und als ergänzendes Angebot betrieben werden. Die Mitglieder dieser Communities finden Unterstützung rund um das Leistungsangebot des Anbieters.

Wie das Frauenhofer Institut definiert hat gibt es vier Grundarten von Online – Communities. Es besteht aber auch die Möglichkeit, dass Community – Plattformen existieren können die Mischformen dieser vier Grundarten von Communities darstellen. Diese könnten zum Beispiel so aufgebaut sein, das sie verschiedene Methoden zur Finanzierung der Community anwenden, wie die Kombination von Bannerwerbung und Mitgliederbeiträgen.

3   Online Marketing

Laut Stolpmann werden im Online – Marketing und Klassischem Marketing verschiedene Verfahren genutzt, um die gemeinsamen Ziele Kundengewinnung und Umsatzsteigerung zu erreichen. (Stolpmann, 2001, S.25) Im allgemeinem können folgende
Verfahren zum Marketing gezählt werden:

- Werbung
- Öffentlichkeits- und Pressearbeit
- Marktforschung

Neben den allgemeinen Gemeinsamkeiten gibt es einen wesentlichen Unterschied
zwischen dem Klassischen Marketing, dass auf dem Push Konzept und dem Online –
Marketing, dass auf dem Pull – Konzept basiert. (Stolpmann, 2001, S.35 ff.) An der
folgenden Tabelle soll versucht werden den Unterschied aufzuzeigen der zwischen
beiden Konzepten besteht.

Tabelle 1: Push und Pull Konzepte des Marketings

Klassisches Marketing	Online Marketing
Kunde wird in der Gemeinschaft betrachtet	Kunde als Individuum
weite Streuung der Werbebotschaft	Individuelle Ansprache des Kunden
Initiative geht vom Anbieter aus	Initiative geht vom Kunden aus

(Quelle: in Anlehnung an Stolpmann, (2001), S38)

Wie die Tabelle zeigt bestehen die wesentlichen Unterschiede der beiden Konzepte
darin, dass beim Klassischen Marketing versucht wird die gesamte Zielgruppe durch
Massen Werbeformen an das Unternehmen aufmerksam zu machen und so viele Kunden wie möglich auf einmal anzusprechen und versuchen sie an das Unternehmen zu
binden. Im Gegensatz dazu funktioniert das Pull Konzept des Online - Marketings In
entgegengesetzter Richtung, so dass der Kunde selbst die Initiative startet etwas über
Produkte und Dienstleistungen in Erfahrung zu bringen und dadurch in der Lage ist
zwischen den Anbietern zu selektieren. Durch diese Tatsache sind die Unternehmen
gezwungen differenzierte Werbeformen zu gestalten um möglichst viele Individuen
anzusprechen.

Desweiteren werden in der Literatur Aussagen gemacht die davon ausgehen, dass Interaktive Kommunikation im Internet nicht nur ermöglicht wird, sonder das durch die aktive Suche der Nutzer nach Informationen in Unternehmenswebseiten die Unternehmen Einblick in das Verhalten der Nutzer bekommen und sie dadurch Individualisierte und Personalisierte Marketing Aktivitäten starten können. Dies ist ein Vorteil des Online – Marketings gegenüber dem des Offline – Marketings. (Kollmann, 2007, S.40 f.)

3.1   Arten des Online Marketing

Jetzt stellt sich die Frage nach den Möglichkeiten des Internets um Marketing Online zu betreiben. Da haben sich in den letzten Jahren unzählige neue Methoden entwickelt und alte Methoden etabliert, von denen hier einige kurz Vorgestellt werden.

3.1.1   Affiliate Marketing

Das Affiliate-Marketing kann so beschrieben werden, dass sich mindestens zwei oder mehr Unternehmen zu einem Netzwerk zusammenschließen. Dabei geht es darum, das die jeweiligen Partner bestimmte Produkt und Dienstleistungen von den anderen Partnern in ihren eigenen Webseiten werben und so versuchen einen gegenseitige Umsatzsteigerung zu erreichen.

3.1.2   E-Mail-Marketing

Unter E-Mail-Marketing wird das versenden von E-Mails mit Werbebotschaften an eine möglichst hohe Zahl von Kunden verstanden, die zur Zielgruppe des Unternehmens gehören. Die Vorteile des E-Mail-Marketings sind die, dann die Kunden in den E-Mails direkt aufgefordert werden können, durch einen entsprechenden link zur Unternehmens Webseite zu wechseln. Dadurch werden auch die Beziehungen zu denn Stammkunden auf eine relativ kostengünstige Weise gepflegt.

3.1.3   Permission-Marketing

Unter Permission-Marketing verstehe man laut Lammenett im Allgemeinen die erlaubnisbasierte Versendung einer Werbebotschaft. (Lammenett, 2006, S.239) Der Hauptgedanke beim Permission-Marketing liegt dabei den Kunden um Erlaubnis zu fragen, ob er gewillt ist Werbebotschaften zu empfangen. Dies geschieht dann in der Regel dadurch, dass der Kunde irgendwo auf der Webseite eines Unternehmens dies durch ein entsprechendes Häkchen kenntlich machen und seine E-Mail angeben muss.

3.1.4   Suchmaschinen-Marketing

Unter Suchmaschinen Marketing fallen alle Verfahren die versuchen die eigene Webseite so gut wie möglich in einer Suchmaschine zu platzieren. Dies ist eine notwendige Marketing Methode für Unternehmen, die versuchen so viele (Neu)Kunden wie möglich auf die Unternehmenswebseite aufmerksam zu machen. Die wichtigste Entscheidungsgrundlage eines Kunden eine Unternehmenswebseite oder sonst irgendeine Webseite zu besuchen hängt maßgeblich von der Platzierung der Webseite in einer Suchmaschine ab. Die Ergebnisse der Suche nach den ersten zehn Treffern werden von den Kunden quasi nicht mehr beachtet.

3.2 Online Geschäftsmodelle

In diesem Kapitel soll versucht werden einen Überblick zu geben welche Geschäftsmodelle und Konzepte Heutzutage im Internet zu finden sind, dabei wird versucht nur auf die Geschäftsmodelle einzugehen die eine Relevanz im Business to Consumer (B2C) und im Consumer to Consumer (C2C) Bereich darstellen. Auf Geschäftsmodelle im Business to Business (B2 B) und Government to Business (G2B) Bereich wird bewusst nicht eingegangen.

Als erstes wird die Frage aufgeworfen welche konkreten Möglichkeiten es in der Interaktiven Welt des Internets gibt um Erlöse für Unternehmen zu erzeugen. Dies ist nach Kollmann direkt über die Analyse der Online – Geschäftskonzepte möglich. (Kollmann, 2007, S. 49) Als nächstes muss die Frage gestellt werden welche typischen Geschäftskonzepte gibt es die einen Erlös für Unternehmen im Internet erzeugen. Die Frage beantwortet Wirtz so, dass er für das E – Business vier Geschäftskonzepte identifiziert: Content, Commerce, Context und Connection. (Wirtz, 2003, S.106 ff.)

3.2.1 Content

„Content" bedeutet im Wesentlichen speziell auf bereitete Information die visuell ansprechend zur Verfügung gestellt wird. Durch dieses Sammeln und aufbereiten von Informationen wird ein Mehrwert geschaffen die, den Tatsächlichen Wert der Information übersteigt. Dadurch ist es Unternehmen möglich diesen „Content" gewinnbringend gegen eine Gebühr dem Kunden anzubieten.

3.2.2 Commerce

Das Geschäftskonzept Commerce bedeutet nichts weiter als das zustande kommen einer Geschäftstransaktion in einer Virtuellen Umgebung.

3.2.3 Context

Contex bedeutet im Gegensatz zu Content laut Kollmann das gewisse Unternehmen wie als Beispiel zu nennen Google versuchen die Informationen die im Internet vorliegen systematisch zu Ordnen und den Nutzern zugänglich zu machen. (Kollmann, 2007, S. 49)

3.2.4 Connection

„Connection" bedeutet vereinfacht ausgedrückt, Verbinden. Dies ist ein Geschäftskonzept welches wörtlich genommen wird. Denn es geht hierbei nur darum Nutzer miteinander zu verbinden. Dies kann so aussehen das, dass jeweilige Unternehmen eine Plattform zur Verfügung stellt indem Nutzer mit gleichen Interesseschwerpunkten untereinander interagieren können. Als Beispiel sei hier die Community zu nennen.

	Content	Commerce	Context	Connection
Definition	Sammlung,Selektion, Systematisierung, Kompilierung und Bereitstellung von Inhalten über Netzwerke	Anbahnung, Aushandlung und/oder Abwicklung von Geschäftstransaktionen über Netzwerke	Klassifikation, Systematisierung und Zusammenführung von Verfügbaren Informationen in Netzwerken	Herstellung der Möglichkeit eines Informationsaustausches in Netzwerken
Ziel	Bereitstellung von Konsumentenorientierten, Personalisierten Inhalten über Netzwerken	Ergänzung bzw. Substitutionen traditioneller Transaktionsphasen über Netzwerke	Komplexitätsreduktion und Bereitstellung von Navigationshilfen und Matchingfunktionen über Netzwerke	Schaffung von technologischen, kommerziellen oder rein kommunikativen Verbindungen in Netzwerken
Erlösmodell	Direkte (Premiuminhalte) und indirekte Erlösmodelle(Werbung)	Transaktionsabhängige, direkte und indirekte Erlösmodelle	Direkte (Inhaltsaufnahme) und indirekte Erlösmodelle(Werbung)	Direkte (Objektaufnahme/ Verbindungsgebühr) und indirekte Erlösmodelle (Werbung)
Plattformen	E-Shop, E-Community, E-Company	E-Shop, E-Procurement, E-Marketplace	E-Community, E-Marketplace	E-Marketplace, E-Company, E-Community
Beispiele	genios.de, sueddeutsche.de, manager-magazin.de, guenstiger.de	mytoys.com, amazon.com, trimondo.de, delticom.de	yahoo.de, google.de, atrada.de, chiao.com	autoscout24.de, travelchannel.de, t-online.de, web.de
Mehrwert	Überblick, Auswahl, Kooperation, Abwicklung	Überblick, Auswahl, Abwicklung	Überblick, Auswahl, Vermittlung, Austausch	Überblick, Auswahl, Vermittlung, Abwicklung, Austausch

Abbildung 1: Die elektronischen Geschäftskonzepte in der Net Economy
(Quelle: Kollmann,(2006a), S. 138)

3.3   Online - Plattformen

Jetzt geht es darum festzustellen wie die Geschäftskonzepte am besten Umgesetzt werden. Um dies festzustellen muss Untersucht werden in welche Arten von Plattformen die Konzepte integriert werden können. Dazu betrachten wir Abb.1 nach Kollmann aus der hervorgeht, dass es aktuell fünf Arten von Plattformen gibt

3.3.1 E – Procurement

Das E – Procurement bezeichnet die im B2B Bereich zur Anwendung kommende Form des elektronischen Einkaufs zwischen Unternehmen.

3.3.2 E –Shop

 Hier handelt es sich um eine Plattform in der Kunden und Anbieter eine Kauf-Verkauf Transaktion vornehmen können die in einem digitalen Netzwerk stattfindet.

3.3.3 E – Marktplace

„E – Marktplace" ist gleich bedeutend zu einem elektronischen Handelsplatz. Demzufolge wird ein Handel mit Produkten in virtuellen Netzen ermöglicht.

3.3.4 E – Company

Die Plattform E – Company ist eine im B2B Bereich zur Anwendung kommende Plattform in der zwischen Unternehmen eine Kooperation stattfindet.

Die E – Community ist gleichbedeutend zur Virtuellen Community und wurde schon am Anfang definiert. Aus der Abb.1 ist jetzt auch ersichtlich das es zum größten Teil Überschneidungen zwischen Geschäftskonzepten und Pattformen und ihrem Anwendungsbereich gibt. Weiterhin stellt sich die Frage durch welche Kombinationsmöglichkeiten von Geschäftskonzepten und Plattformen eine im Endeffekt größtmögliche Kundenbindung erreicht werden kann.

Die größtmögliche Kundenbindung kann erreicht werden wenn versucht wird so viele Geschäftskonzepte wie möglich in einer einzigen Plattform zu realisieren. Durch die genaue Betrachtung der Abb.1 von Kollmann fällt auf das hier die Community - Plattform als Schlüssel – Kandidat genannt werden kann.

4   Die Community – Zentraler Bestandteil des Online Marketings

In diesem Kapitel wird auf die Relevanz und die Aktualität der Community – Plattformen im Online – Marketing eingegangen. Es soll aufgezeigt werden welche Bedeutung das Community – Marketing auf die Neu Kundengewinnung und die Kundenbindung bestehender Kunden hat. Das Internet bestimmt immer Nachhaltiger unser Leben. Da ist es nicht verwunderlich, das zurzeit immer wieder vom Neuen Web, dem Web 2.0 gesprochen wird welches das Interaktivere und Dynamischere Web im Internet beschreibt. Genau unter diese Kategorie fallen auch die Communities wodurch neue Formen des Marketings entstehen und Entstanden sind. Jetzt soll hier ein Überblick gezeigt werden wie und mit welchen Mitteln man in einer Community die Kundenbindung fördern und Neu Kunden gewinnen kann und somit erfolgreich Marketing betreiben.

4.1   Erfolgreich Kunden binden durch Communities

Im Hinblick auf die weiteren Ausführungen ist es notwendig die Frage aufzuwerfen wie der Begriff Kundenbindung zu verstehen ist. Kundenbindung ist laut Peter der Aufbau und die Aufrechterhaltung einer Geschäftlichen Beziehung zwischen Anbietern und Kunden. (Peter, 1997, S. 7)

Im besonderem aber ist der Begriff der Aufrechterhaltung hier von zentraler Bedeutung. Es sollte Unternehmen immer darum gehen den Kunden so zu lenken, dass dieser in Zukunft immer wieder an, dass selbe Unternehmen zurück kommt mit den Ziel erneut eine geschäftliche Transaktion zu vorzunehmen.

Wie ist es nun Online – Communities möglich einen Mehrwehrt zu schaffen im Bezug zur Kundenbindung?

Es wird im folgendem versucht Ansätze zu beschreiben mit denen es möglich ist einen Mitgliederstamm aufzubauen danach die Mitglieder zu aktivieren und Schluss endlich so ein Vertrauen und Loyalität zwischen den Mitgliedern untereinander und zwischen dem Mitglied und dem Anbieter aufzubauen welches letztendlich zur langfristigen Bindung zur Community und somit zur Bindung an das Unternehmen führt.

Um als erstes Mal eine neu gegründete Community in Schwung zu bringen bedarf es einer richtigen Community Organisation. Es muss als erstes ein Themenschwerpunkt definiert werden wonach sich dann die ganzen Angebote der Community richten.

Als Angebote einer Community – Plattform können hier all die Möglichkeiten genannt werden welche es den Mitglieder ermöglicht untereinander zu Kommunizieren. Zudem sollte eine Plattform Informationen, Produkte und Dienstleistungen anbieten die im Kontext zum Themenschwerpunkt der Community liegen sollten.

Durch die Kommunikation entsteht eine Soziale Kundenbindung zur Community verursacht durch den Aufbau von Beziehungen in der Community zwischen den Kunden. Durch diese Beziehung auf Vertrauensbasis tauschen sich die Mitglieder aus über Produkte, Dienstleistungen von Unternehmen durch sogenannte Foren und anderen Kommunikationstools. Durch die an den Bedürfnissen des Mitglieds angepassten Leistungen tragen wesentlich dazu bei, dass in den Mitgliedern Vertrauen geschaffen wird. Außerdem wird es Unternehmen möglich direkt die Probleme der Mitglieder aufzugreifen die sie in den Foren mit verfolgen können um dann ihnen gezielt Lösungsvorschläge zu bereiten. Außerdem ist es von Vorteil Den Community User bei seinen Vorhaben zu unterstützen wenn es dabei geht um neue Gruppen zu schaffen um neue Mitglieder anzulocken und um dadurch die Community noch attraktiver zu machen.

Unternehmen sollten außerdem versuchen alle Online – Geschäftskonzepte die im vorigen Kapitel erwähnt wurden in ihre Community - Plattform zu integrieren, um dann lediglich nur noch einen Gesamt Web auftritt zu haben. (Cybercommunities, 2008) Um dann dadurch Synergie Effekte zu erreichen.

Im Wesentlichen können in Anlehnung an Albers, Clement und Peters drei Stärken des Community – Marketing genannt werden (Albers, Clement, Peters, 1998, S.151):

- Die Kaufkraft von Individuen wird in homogenen Gruppen fokussiert.
- Es wird ein gezieltes Individualmarketing ermöglicht.
- Der Konkurrenz wird der Markteintritt erschwert.

Durch diese sich bildenden Stärken der Community im Marketing Bereich ist davon auszugehen, dass der Hype um die Communities noch eine Weile andauern wird.

4.2   Direkte Erlösmöglichkeiten durch eine Community - Plattform

Es ist nicht nur sinnvoll die Möglichkeiten zu betrachten die man mit dem Aufbau einer Community im Bezug zur Kundenbindung gewinnt sonder es ist auch Möglich durch den richtigen Aufbau einer Community eine direkte Umsatzsteigerung im Unternehmen zu erreichen. In diesem Kapitel soll aufgezeigt werden, welche direkten erlösarten es durch eine Community gibt.

Als einer der ältesten Erlösarten im Web ist hier die Bannerwerbung zu nennen die auch sehr effektive in die Community – Plattform eingebunden werden kann. Dabei geht es darum fremd Unternehmen zu gestatten ihre Werbung auf der eigenen Community – Plattform anzubringen welche direkt mit dem fremden Unternehmen verlinkt sind.

Um eine Übersicht über die vielfältigen Erlösmöglichkeiten zu erlangen soll hier Abbildung 3 betrachtet werden:

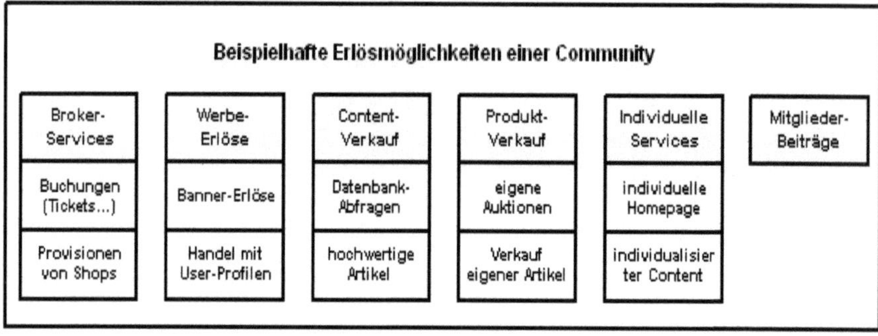

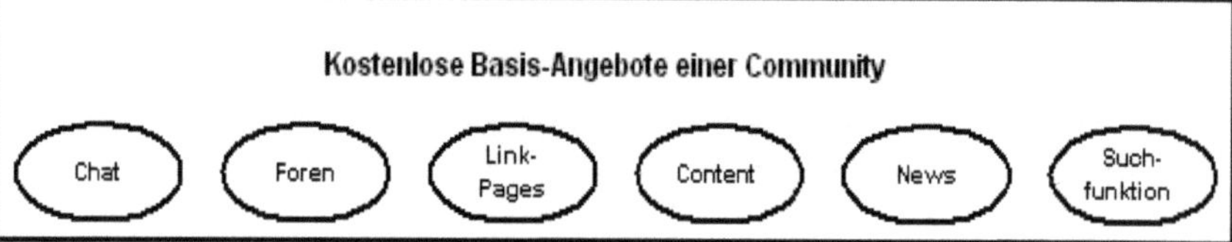

Abbildung 2: Die Erlösarten einer Community

(Quelle: Cybercommunities, (2008))

Durch die genaue Betrachtung der Abbildung 3 ist festzustellen das der Betreiber der Community – Plattform frei ist zu wählen wenn es darum geht welche Leistungen er seiner Community frei zur Verfügung stellt und von welchen er einen Erlös Erzielen möchte. Aus Unternehmensseite im Bezug zur Kundenbindung ist es jedoch ratsam die hier aus der Abbildung 3 entnommenen Basis Angebote einer Community beizubehalten, um weiterhin eine Optimale Kommunikation zwischen den Mitgliedern zu gewährleisten.

5   Zusammenfassung und Ausblick

In dieser Arbeit wurde versucht einen Allgemeinen Überblick zu geben über die neuen Methoden und Konzepte des Online – Marketings, die heutzutage in den Unternehmen zur Anwendung kommen. Dabei wurde im speziellen versucht aufzuzeigen welche Vorteile Communities im Internet haben wenn es darum geht Kunden langfristig an ein Unternehmen zu binden. Zudem wurde Dargestellt welche Möglichkeiten es gibt um aus einer Community einen direkten Umsatzgewinn für das Unternehmen zu realisieren.

Da immer mehr Menschen Online sind, wird das „Online – Marketing" in Zukunft auch weiterhin an Bedeutung zunehmen. Und durch die Tatsache das Menschen sich, wie in der realen Welt auch, zu Gemeinschaften zusammen schließen wird dementsprechend auch das Community – Marketing an Bedeutung zunehmen.

Literaturverzeichnis

Albers, S. & **Clement**, M. & **Peters**, K. (1998): Marketing mit Interaktiven Medien - Strategien zum Markterfolg. Frankfurt: IMK Verlag

Brunold, J. & **Merz**, H. & **Wagner**, J. (2000): WWW.Cybercommunities.de. o.O. MI Verlag

Merz , Dr. Helmut, Cyberconcepts IT – Consulting (2008): Cybercommunities – Virtuelle Gemeinschaften im Internet. http://www.cybercommunities.de/?pg=artikel, Zugriff am 3.12.2008

Hagel, J. & **Armstrong**, A. (1997): Net Gain – Profit im Netz. 1. Auflage. Boston: Harvard Business School Press.

Kollmann, T (2007): Online Marketing – Grundlagen der Absatzpolitik in der Net Economy. Stuttgart: W. Kohlhammer

Kollmann, T. & **Häsel**, M. (2006): Cross Channel Cooperation – The Bundling of Online and Offline Business Models. Wiesbaden: o. Hrsg.

Lammenett, E (2006): Praxiswissen online Marketing – Affiliate und Email Marketing, Keyword Advertising, Online Werbung, Suchmaschinenoptimierung. Aachen: Gabler Verlag

Peters, S. I. (1997): Kundenbindung als Marketingziel – Identifikation und Analyse zentraler Determinanten. o.O. Gabler Verlag

Rheingold, H. (1994): Virtuelle Gemeinschaft – Soziale Beziehungen im Zeitalter des Computers. Bonn: Addison Wesley

Stojek, M. & **Ulbrich**, T. (2001): Kundengewinnung und Bindung im Internet. Landsberg: Mi – Verlag

Stolpmann, M. (2001): Online Marketingmix – Kunden finden, Kundenbinden im E – Business. 2. Auflage. o.O. Galileo Press

Werner, F.H. (1994): Lexikon zur Soziologie. 3. Auflage. o.O. Westdeutscher Verlag

Wirtz, W. B. (2003): Medien und Internetmanagement. 3. Auflage. Wiesbaden: Gabler Verlag